LETTRE

AU CITOYEN

MÉHÉE DE LA TOUCHE.

LETTRE

AU CITOYEN

MÉHÉE DE LA TOUCHE.

AU PALAIS-ROYAL,

CHEZ TOUS LES MARCHANDS DE NOUVEAUTÉS.

1814.

LETTRE

AU CITOYEN

MÉHÉE DE LA TOUCHE.

CITOYEN,

La brochure que vous venez de publier, et qui a pour titre : *Dénonciation au Roi*, vous a, dites-vous, attiré beaucoup de lettres... Je veux aussi vous écrire ; je veux que vous sachiez la haute estime que je professe depuis long-temps pour votre personne, et le vif plaisir que m'a procuré la lecture de votre nouvelle production.

Je suis peu versé dans l'art d'écrire, ainsi que vous le remarquerez facilement ; je n'ai

fait mon cours de littérature que dans les sec-
tions, où l'on se souvient encore de ma vaste
et forte poitrine. Mais cette considération ne
peut m'arrêter ; je méprise l'éloquence : elle
n'a jamais servi qu'à farder la vérité.

Il est donc vrai qu'il existe encore de ces
citoyens généreux, de ces ardents patriotes
qui ne se laissent point influencer par les circonstances, qui ont précieusement conservé au
fond de leur cœur le feu sacré de 93, et qui
aimeraient mieux que la France toute entière
pérît, plutôt qu'un seul principe!.. Mais qu'ils
sont rares ces courageux citoyens, et qu'il y
a peu d'âmes trempées comme la vôtre! Je
cherche vainement ceux qui ont figuré avec
nous dans les fameuses journées : je ne les
trouve plus. La plupart, après avoir long-
temps professé la liberté et l'égalité, après
avoir porté les nobles livrées du sans-culo-
tisme, ont dégénéré de cette simplicité an-
tique; ils ont abjuré les signes de la liberté,
et se sont lâchement endormis dans le faste
et dans la mollesse. Pour vous, Citoyen, vous
pouviez aussi vous donner les airs d'un grand
seigneur, car vous aviez fait une assez belle
fortune; vous avez reçu beaucoup d'argent
en Angleterre, quand vous vous y êtes pré-

senté pour négocier la conspiration de Georges et de Pichegru ; vous avez reçu beaucoup d'argent lorsque vous êtes allé à Munich faire vos fausses confidences à M. Dracke ; vous avez reçu beaucoup d'argent, lorsque vous êtes revenu à Paris rendre compte de cette honorable mission ; vous avez encore reçu beaucoup d'argent, lorsque, pour des raisons que vous connaissez fort bien, vous fîtes paraître la relation de votre voyage en Angleterre : mais, supérieur à la bonne comme à la mauvaise fortune, vous ne vous êtes point laissé vaincre par la prospérité ; et de même qu'Aristippe, vous avez fait voir que vous possédiez des richesses, mais que vous n'en étiez pas possédé.

Je sais très-bien qu'à l'époque de votre voyage en Angleterre, quelques personnes qui n'étaient point à la hauteur des principes, osèrent qualifier d'espionnage cette petite incursion dans les îles britanniques ; insensés qui végètent dans l'étroite sphère de leurs idées ! qui ne savent point que dans les affaires publiques la morale a bien plus d'étendue que dans les particulières ! que ce que l'on qualifie de perfidie et de bassesse dans le commerce ordinaire de la vie, prend un tout

autre caractère dans les relations diploma-
tiques! La raison d'Etat a des priviléges extrê-
mement étendus, vous le savez très-bien ; et
dans toutes les occasions, vous avez prouvé
que vous apparteniez à la patrie avant d'être à
la société.

C'est le sort des grands hommes d'être per-
sécutés ; personne plus que vous n'avait droit
de l'être. Vous eûtes des ennemis nombreux ;
ces ennemis (tant la haine est aveugle!) ne
s'accordaient même pas entre eux ; les uns di-
saient que vous aviez été chassé de Pologne et
de Russie parce que vous aviez voulu inoculer
dans ces contrées le virus révolutionnaire; les
autres soutenaient que c'était à cause de quelques petites escapades que vous vous étiez per-
mises chez une comtesse qui vous avait admis
dans sa société. Ces ennemis ne s'en tinrent
pas là, et lorsque vous fûtes appelé au dépar-
tement des affaires étrangères, ne vous en fi-
rent-ils pas encore chasser sous prétexte que
vous aviez coopéré aux massacres du 2 septembre?.. Et quand cela serait? si à cette époque
vous crûtes cette opération *honnéte*, quel mal
y a-t-il? il est bien difficile dans ce monde de
professer des opinions libérales sans que les ti-
mides cherchent à vous en rendre victimes.

Pour moi, citoyen, qui ai toujours marché, mais de loin, sur vos traces, j'ai toujours admiré en vous cette fermeté de principes que n'ont jamais pu faire fléchir ni la clameur publique, ni de vaines considérations d'honneur. Entraîné par votre exemple, je me suis bien pénétré de cette maxime qu'avant tout il faut être patriote et toujours patriote. J'étais donc étonné, je l'avoue, que dans les circonstances où nous nous trouvons vous pussiez garder un coupable silence. J'étais sur le point d'aller rue du Paon n°. 1 écrire sur votre porte, puisque vous n'avez pas encore de statues ; *tu dors Brutus !* mais Brutus ne dormait point ; il veillait et méditait sa Dénonciation au Roi ; elle a paru et j'y ai reconnu l'ongle du lion.

Dénonciation ! que ce mot sonne agréablement à des oreilles républicaines ! oh ! quel bon temps que celui des dénonciations ! ne le verrons nous plus renaître ? que ce titre est admirablement choisi ! ayons d'abord le mot ; nous verrons ensuite si nous pouvons avoir la chose. Toutefois en approuvant le fonds de votre ouvrage, je vous avouerai franchement que je n'en aime pas la forme ; je n'y retrouve pas l'énergique franchise d'un homme libre ; vous avez l'air de respecter le chef du gouvernement; vous n'accusez que les agents : ce sont là, citoyen, des demi-mesures qui ne me plaisent guères. Vous me direz peut-être que ce n'est qu'une première escarmouche ; qu'il faut frotter de miel les bords du vase afin de faire avaler le breuvage amer : soit, mais je vous attends à la seconde brochure.

Vous vous indignez des infractions portées à la charte constitutionnelle ; quant à moi, j'avoue que je ne me soucie guères de cette charte, et je suis persuadé qu'au fond vous êtes de mon avis. Ce n'est point là l'esprit qui a dicté la constitution de 93. Je ne veux point de constitution, à moins qu'on ne la fasse précéder d'une bonne *Déclaration des droits de l'homme et du citoyen*, et que l'on ne consacre en principe que *l'insurrection est le plus saint des devoirs*.

Quant à cette vieille formule, *Louis par la grâce de Dieu*, je me doutais bien qu'on nous la ramènerait, et je n'ai point été du tout surpris de la voir figurer en tête des ordonnances royales. La religion, comme vous le dites fort bien, nous a appris que rien n'arrive dans le monde, sans la permission de Dieu ; mais dieu-merci, nous n'en croyons rien ni l'un ni l'autre. Quant à moi, il y a long-temps que ma profession de foi est faite sur cet article ; j'en ai même beaucoup voulu dans le temps à Robespierre, d'avoir institué la fête de la Raison et d'avoir délivré à notre âme un brevet d'immortalité.

Qu'est-ce encore que toutes ces urnes lacrymales, que tous ces autels expiatoires qu'on nous parle d'élever à la mémoire de Louis XVI ? Serons-nous donc toujours auditeurs, et ne nous sera-t-il pas permis de répliquer ? Faudra-t-il être sans cesse poursuivi, obsédé par la voix des orateurs sacrés pleurant cette grande victime ? Non. Élevons autel contre autel. Pourquoi Baal fléchirait-il devant Israel ? N'avons-nous pas aussi nos martyrs ? Instituons des services funèbres en l'honneur des patriotes morts au 10 août dans cette lutte d'un grand peuple contre ses oppresseurs ; car si nous cédions dans une aussi importante occasion, qui sait jusqu'où cela pourrait nous conduire ? Et après tout que reproche-t-on aux membres de cette convention ? Depuis quand, comme vous le dites si éloquemment, « des hommes établis juges par une grande » nation, sont-ils responsables de l'arrêt que » leur conscience bien ou mal éclairée leur » a dicté ? Oubliera-t-on d'ailleurs les adresses

» innombrables par lesquelles on s'est hâté de
» féliciter la convention , et les deux millions
» de signatures qui attestent l'assentiment vo-
» lontaire de tant d'hommes ? » Je vous sais
gré d'avoir rappelé ces adresses ; il est vrai
que nous savons très-bien , vous et moi , comment elles se fabriquaient ; beaucoup d'autres
personnes le savent aussi , et elles ne manqueront pas de se moquer de nous ; n'importe :
cette assertion mise en avant fera effet sur la
multitude ; il y a un si grand nombre de gobe-
mouches politiques qui avalent tout ce qu'on
leur présente !

Jusqu'ici tout est bien. Mais est-ce bien vous,
citoyen Méhée , qui avez écrit le paragraphe
que je vais transcrire ? « La mort de Louis XVI
» était , dites-vous , injuste et impolitique ;
» injuste , parce que la personne du prince
» était déclarée inviolable , et qu'aucune loi
» antérieure n'était applicable à sa position ;
» impolitique , parce que l'injustice l'est tou-
» jours , et qu'une nation , qui d'ailleurs a la
» conscience de sa force , devait le prouver en
» respectant du moins l'existence d'un prince
» dont tout le crime était d'avoir suivi de
» mauvais conseils. »

Quel est ce langage, citoyen ? n'est-ce point

là du modérantisme tout pur, et de telles paroles ne vous eussent-elles pas autrefois fait comprendre dans la loi des suspects? Quoi! *Louis XVI n'était coupable que d'avoir suivi de mauvais conseils!* Vous ne le croyez pas : n'est-ce donc pas lui qui a fait couler le sang des Français, ainsi que le porte son acte d'accusation? Ah! citoyen, citoyen, en vérité je vous le dis, je cherche vainement ici le républicain ferme et énergique, le chaud patriote de 93! que vous êtes *changé de vous-même!* De vous même, qui, le 17 septembre 92, écriviez à la section du Panthéon ces paroles mémorables : (écoutez! écoutez!) SI JAMAIS » CE QU'ON APPELAIT UN ROI OU QUELQUE CHOSE » QUI RESSEMBLE A CELA, OSE SE PRESENTER EN » FRANCE ET QU'IL VOUS FAILLE QUELQU'UN POUR » LE POIGNARDER, VEUILLEZ M'INSCRIRE AU » NOMBRE DES CANDIDATS ; VOILA MON NOM, MÉHÉE. » Oh! nobles sentiments et divines paroles que je voudrais voir gravées en lettres d'or et qui jusques dans la dernière postérité iront faire battre les cœurs républicains! Oh! homme qu'on ne peut assez louer et admirer! homme dont il sera parlé dans plusieurs siècles! Que je voye sa taille et son visage pendant qu'il vit; que j'observe les traits d'un

homme qui a été capable d'un pareil dévoû-
ment !

Ah ! citoyen Méhée , si dans l'histoire de
votre vie ne se trouvait pas cette page élo-
quente, je ne vous pardonnerais pas d'avoir
osé dire que la mort de Louis XVI était injuste
et impolitique. Vous pourrez me dire pour
votre justification que vous ne le pensez pas,
et que ce n'est que ce que nous appelons une
concession ; j'en suis persuadé , mais néan-
moins je ne saurais approuver cette marche
tortueuse. Nous devons aller le grand chemin
et ne jamais transiger avec les circonstances.

Véritablement, vous avez quelquefois oublié
ce grand principe et vous n'avez pas toujours
été à la hauteur. Je me rappèle qu'après le 9
thermidor, nous nous vîmes dans les rangs de
ceux qui combattaient nos bons amis les Jaco-
bins ; il est vrai que vous fîtes ensuite amende
honorable en déclarant que vous aviez été entraîné par les circonstances , et que vous réparâ-
tes amplement votre faute en vous mettant en
guerre ouverte avec les modérés dans votre
journal des patriotes de 89 et dans celui des
hommes libres. Mais je vous le dis sérieuse-
ment, les hommes de notre temps ne doivent

jamais faire une seule démarche qui les expose à revenir sur leurs pas.

Je ne passerai point sous silence votre petit paragraphe sur les biens des émigrés ; il est complet. Nous savons très-bien tous deux, ce qui en est ; mais d'autres qui ne sont pas aussi instruits que vous, vous croiront sur parole ; de-là la défiance ; et cette différence dont vous nous parlez, pourra bien s'établir par le fait seul que vous l'avez annoncée ; « il n'y a pas, » comme dit Bazile, de plate méchanceté, » pas de conte absurde qu'on ne fasse adopter » aux oisifs d'une grande ville en s'y prenant » bien. La calomnie ! la calomnie ! »

Quant aux Suisses, ce que vous en dites est excellent sous tous les rapports. Des Suisses ! eh ! qu'avons nous besoin de Suisses ? a-t-on donc oublié qu'un des chefs de l'acte d'accusation de Louis XVI, était d'avoir des Suisses auprès de sa personne ? Pourquoi n'avez-vous pas rappelé cette circonstance ? pourquoi, puisque vous en étiez sur cet article, n'avez-vous pas aussi conseillé au roi de supprimer sa maison militaire ? vous n'ignorez pas que ce conseil fut donné à son prédécesseur, et ce n'est pas là, j'espère, un de ceux que vous lui faites un crime d'avoir suivis ; car, Dieu merci, nous en avons assez bien profité! Au reste, vos réflexions contre ces Suisses, éclaircissent un fait, qui jusqu'ici, était resté environné de quelqu'obscurité. M. Desèze, dans sa défense du roi, avait dit, en parlant du 10 août : « *Comment le combat s'est-il engagé? on l'ignore, et l'histoire même l'ignorera peut-être.* » Grâces à vous, il n'y a plus d'incertitude à cet égard. Ne disait-on pas que le roi avait défendu aux Suisses de tirer? Ne disait-on pas qu'eux-mêmes avaient par trois fois déposé leurs armes, et qu'ils n'en firent ensuite usage que pour repousser la force par la force? Cependant, le fait que vous citez est positif. « Je » faisais, dites-vous, partie de la compagnie » des grenadiers du bataillon de Saint-Etienne » du mont. Tout ce bataillon était partisan de » la constitution, et conséquemment contraire » au mouvement dirigé contre le château ; il » s'y porta, bien décidé à défendre le roi ; mais » la nature de la manœuvre adoptée par les » chefs, le plaça vis-à-vis des gardes Suisses ; » ces imprudents et braves étrangers crurent » de leur devoir de faire feu, et les troupes » qui venaient les seconder, se voyant atta- » quées, cédèrent au malheureux génie qui » dirigea la journée ». *Vous faisiez partie du bataillon!* Il n'y a rien à répliquer à cela; pourquoi diable, vous avisez-vous d'ajouter ensuite : *qu'absent depuis deux jours vous n'êtes arrivé que le soir du 10 août?* A quoi bon cet aveu? nos ennemis ne manqueront pas de se prévaloir de cette petite contradiction et de crier à l'imposture.

Venons à la liberté de la presse, c'est là notre grand cheval de bataille; il est malheureusement un peu tard pour en parler : je regrette vivement que vous n'ayiez point déployé cette énergique éloquence, cette vigoureuse dialectique, lorsqu'il en était temps encore; vous eussiez certainement fait pencher la balance en notre faveur. Maintenant le mal est fait, qu'allons nous devenir? ainsi, il ne nous sera plus permis d'imprimer tout ce qui nous passera par la tête, et de nous livrer à tous les élans de notre bouillant patriotisme! Nous ne pourrons plus, dès que quelqu'un contrariera nos vues ou notre ambition, fulminer contre lui une bonne dénonciation, lui prodiguer les épithètes de suspect, de modéré, de royaliste! Nous ne pourrons plus l'accuser d'avoir conspiré contre le peuple souverain, d'avoir accaparé les grains, d'avoir fait des rassemblements d'armes! Nous ne pourrons

plus appeler sur lui la vengeance nationale !
et nous voilà maintenant livrés, comme des
bêtes, aux chaînes et aux fouets de nos gar-
diens! Il est vrai, que par un reste de commisé-
ration, on nous accorde la permission de publier un volume de 320 pages ; mais qu'ai-je
besoin de cette latitude, lorsque je ne veux
imprimer que ces mots : GUERRE AUX TYRANS,
LIBERTÉ OU LA MORT ! j'ai cependant une petite crainte qu'il faut que je vous confie. Ne
pourra-t-on pas dire que cette liberté de la
presse n'est pas circonscrite dans des bornes
aussi étroites que nous avons l'air de le croire,
puisqu'on nous laisse l'un et l'autre imprimer
librement nos opinions. Car, enfin, si on nous
pressait de questions ; si on nous disait : quel
est votre but en demandant la liberté illimitée
de la presse ? Nous n'oserions pas exposer au
grand jour le fond de notre pensée ; nous nous
bornerions à dire que nous voulons avoir le
droit de dénoncer à l'autorité suprême, les
abus de pouvoir; eh bien ! nous répondrait-on,
ne voilà-t-il pas le citoyen Méhée, qui se
donne toute la liberté possible à cet égard ?
de quoi donc vous plaignez-vous ? j'avoue que
l'objection nous embarrasserait un peu.

En général, nous sommes nous - mêmes un

grand obstacle à nos projets , et c'est ce qui me chagrine. Pour ce qui concerne la liberté individuelle , vous insinuez fort adroitement qu'on ne peut y compter , tant que la violation des autres articles constitutionnels n'aura pas été exemplairement punie. Et vous ajoutez plus adroitement encore : « Qui peut assurer » que personne n'ait été arbitrairement arrêté, » lorsque la seule manière dont nous pourrions » en être instruits, la correspondance des jour- » naux, est exclusivement entre les mains des » ministres, contre le vœu du roi et de la consti- » tution »? Mais on ne manquera pas de nous répondre : Qui peut l'assurer ? vous, Messieurs, plus que personne au monde; vous, Messieurs, qui , ainsi que vos *frères et amis*, marchez dans votre force et votre liberté ; en effet, citoyen Méhée ,.nous vivons , nous respirons , nous jouissons de tous nos droits de citoyens ; on ne nous a pas ôté un seul cheveu de la tête ; nous avons conservé nos biens , nos maisons , nos châteaux , nos équipages ; nous n'avons rien perdu, *fors l'honneur*, dont au reste nous nous soucions fort peu.

J'ai encore bien des réflexions à vous com- muniquer, mais ce sera l'objet d'une seconde léttre ; je m'arrête en vous priant de remar-

quer que si votre dénonciation est datée du
mois de septembre, mois de glorieuse mémoire, la date de ma lettre est plus précise,
et n'est pas moins heureuse.

Salut et fraternité.

Paris, 5 et 6 octobre 1814.

De l'imprimerie de C.-F. PATRIS, rue de la Colombe,
n° 4, dans la Cité.